QUINCE (15) CONSEJOS PARA GANAR CASOS DE INMIGRACION

◆ ◆ ◆

Charles Jerome Ware

iUniverse, Inc.
Bloomington

Quince (15) Consejos para Ganar Casos de Inmigracion

Libros de iUniverse pueden ser ordenado por libreros o por contacto con:

iUniverse
1663 Liberty Drive
Bloomington, IN 47403
www.iuniverse.com
1-800-Authors (1-800-288-4677)

ISBN: 978-1-4620-6895-1 (carátula blanda)
ISBN: 978-1-4620-6896-8 (libro electrónico)

Impreso en los Estados Unidos de América.

iUniverse fecha de revisiones: 11/16/2011

Traducción de Inglés a Español !

QUINCE (15) CONSEJOS PARA GANAR CASOS DE INMIGRACION

Extractos del libro más vendido de inmigración,
"LA PARADOJA DE LA INMIGRACION: Quince
(15) Consejos para Ganar Casos de Inmigración"
Por
Abogado Charles Jerome Ware
WWW.CHARLESJEROMEWARE.COM
Ex Juez de Inmigración de Estados Unidos

Traducción de Inglés a Español !

Prologo

El contenido de este folleto incluye fragmentos del libro más vendido de inmigración por el juez de inmigración de los Estados Unidos Charles Jerome Ware, titulado "LA PARADOJA DE LA INMIGRACIÓN: Incluso Quince (15) Consejos para Ganar Casos de Inmigración" (Impreso 2009, iUniverse ISBN: 978-1-4401-7192-5(sc), ISBN: 978-1-4401-7193-2 (ebk), USA).

El autor reconoce con gratitud la asistencia de sus manuscritos, actor y profesor Shakesperiano James Jager, así como sus manuscritos y traducción de inglés a español Ana Maria Duran.

Como siempre, el lector está especificamente aconsejado a consultar un abogado de inmigración calificado u otro profesional calificado para respuestas especificas de preguntas especificas legales y/o de Inmigración.

Se espera y desea que este folleto, así como el libro original, "LA PARADOJA DE LA INMIGRACION", seán de asistencia, ayuda, y valor para el lector.

Contenido

Extractos del libro más vendido de inmigración, "LA PARA-DOJA DE LA INMIGRACION: QUINCE (15) CONSEJOS PARA GANAR CASOS DE INMIGRACION"

Extractos del libro más vendido de Inmigración,
"LA PARADOJA DE LA INMIGRACION: Quince
(15) Consejos para Ganar Casos de Inmigracion"
Por
Abogado Charles Jerome Ware
WWW.CHARLESJEROMEWARE.COM
Ex Juez de Inmigración de Estados Unidos

Traducción de Ingles a Español !

CAPITULO DOCE:
LA "TARJETA VERDE" NO ES VERDE

Que es la "Tarjeta Verde?"

La "Tarjeta Verde," o Tarjeta de Residente Permanente, sirve como prueba de residencia permanente legal de un extranjero en los estados Unidos una persona con Tarjeta Verde tiene el derecho a vivir y trabajar permanentemente en los Estados unidos. La Tarjeta Verde también significa que el individuo esta registrado en los Estados Unidos en acuerdo y conformidad con la ley de inmigración de Estados Unidos.

La Tarjeta Verde es una tarjeta muy valiosa. Está da al titular varios derechos, pero no el derecho a la ciudadanía ni todos los derechos de un ciudadano de los estados Unidos. El titular de la Tarjeta Verde tiene varios privilegios,incluso:

1. El derecho a vivir permanentemente en los Estados Unidos;
2. El derecho a trabajar en los Estados Unidos;
3. El derecho a viajar al extranjero por cierto periodo de tiempo;
4. La oportunidad para aplicar a la ciudadanía de los Estados Unidos despúes de cierta cantidad de años como titular de la Tarjeta Verde; y
5. El derecho de petición para una Tarjeta Verde para el cónyuge del solicitante y los hijos solteros menores de 21 años de edad.

Las Tarjetas Verdes fuerón emitidas anteriormente por el Servicio de Inmigración y Naturalización (INS). Está agencia, que anteriormente estaba bajo la jurisdicción del fiscal general de los estados Unidos y el departamento de justicia de los Estados Unidos, desde principio de 2003 ha sido absorbido y sustituido por la oficina de Ciudadanía y Servicio de Inmigración (BCIS).El BCIS es la parte del nuevo departamento de Seguridad Nacional de los Estados Unidos (DHS).Poco después la reorganización de Seguridad Nacional 2003, BCIS cambio su nombre a lo que es ahora Ciudadanía y Servicios Migratorios de Estados Unidos (USCIS)

Privilegios durante la aplicación de la "Tarjeta Verde"

Hay esencialmente dos (2) permisos y privilegios importantes que un extranjero puede adquirir mientras que su aplicación de tarjeta verde está pendiente:

1. El primero es un permiso temporal de trabajo conocido como el documento de autorización de empleo (EAD). Este permiso permite a la persona a ser empleado en los Estados Unidos.

2. El segundo es un documento de viaje temporal, la llamada "libertad condicional anticipada", que permite a la persona a reingresar a los Estados Unidos.

   (Presuntamente es más fácil <u>salir</u> de Estados Unidos que <u>entrar</u> en el.)

Ambos permisos conceden privilegios y beneficios que son independientes de cualquier otra condicion existente concedida al extranjero. Como un ejemplo, es posible que un extranjero tenga permiso para trabajar en los Esados Unidos bajo la visa H1-B, la cual es clasificada como no inmigrante usada por un extranjero que va a ser empleado temporalmente en una ocupacion especifica.

La "Tarjeta Verde" No es Verde

Sorpresa! La "Tarjeta Verde" o Tarjeta de Residente Permante de los Estados Unidos, no es verde, Ademas, la Tarjeta Verde no ha sido "verde" por un largo tiempo. Desde su creación o alrededor de 1947, la tarjeta ha asumido una variedad de colores en momentos diferentes de la historia. La "Tarjeta Verde" en realidad comenzo alrededor de 1940 como una tarjeta blanca.

Probablemente todavía se refieren a estas Tarjetas de Residente Permanente como "tarjetas verdes" por razones de referencia histórica. Por ejemplo, en el campo del derecho nos referimos a las distracciones pensando como "pistas falsas"; el aviso de despido del empleo se llama "carta de despido"; noticias excesivamente sensacionalistas se llaman "periodismo amarillo"; y la frase "disparar" o "al fuego" a alguien cuando su trabajo se termina viene de la practica inspirada de quemar la casa de los vecinos cuando ya no los querian en la comunidad [Abogado Charles Jerome Ware, Comprensión de la Ley: Una cartilla, 2008, iUniverse Prensa (1-800-288-4677), www. iuniverse.com, www.amazon.com].En cada uno de los ejemplo arriba mencionados, una idea fue originalmente asociada con un elemento real de los respectivos o especificos colores.

En la actual, moderna Tarjeta Verde, inicialmente creada alrededor de 1995 más o menos, el diseño y color de la tarjeta cambia continuamente por razones de seguridad. La informacion contenida en la tarjeta incluye , entre otros, (1) el nombre del extranjero, (2) numero del extranjero, (3) fecha de nacimiento, (4) pais emisor (Estados Unidos), (5) pais de nacimiento del extranjero, (6) numero del caso de inmigración, (7) "residente desde" fecha, y (8) los datos biometricos (huella digital),etc.

Es importante señalar que, a diferencia de los ciudadanos estadounidenses cuando se trata de la identificación, de los Estados Unidos los residentes permanentes (titulares de la Tarjeta Verde) están obligados por la ley a llevar sus tarjetas de residencia con ellos (debe estar en su poder) en todo momento.

Formas de Obtener Posición de Residente Permanente

Generalmente, hay en la actualidad cinco (5) formas para obtener posición de residente permanente en los Estados Unidos:

1. Residente permanente a traves de un miembro familiar;
2. Residente permanente a traves de un empleo;
3. Residente permanente a traves de inversion;
4. Residente permanente a traves de "Loterias de Diversidad"; y
5. Residente permanente a traves de las disposiciones de "El Registro" de la Ley de Inmigración y Nacionalidad.

[Fuente: USCIS,2009]

La Elegibilidad de Residente Permanente y las Cuotas Estimadas

Categoria	Elegibilidad	Cuota anual estimada	Lista de espera

Residencia Permanente a traves de un mienbro familiar

Categoria	Elegibilidad	Cuota anual estimada	Lista de espera
IR	Familiar directo (cónyuges, hijos menores y padres) de ciudadanos de Estados Unidos. (Un ciudadano de Estados Unidos debe tener al menos 21 años de edad para patrocinar a sus padres.)	Sin limite numerico	
F1	Hijos e hijas solteras (21 de edad o más) de ciudadanos de Estados Unidos.	23,400	6-7 Años
F2A	Cónyuges e hijos menores (menores de 21 años de edad) de residentes permanentes legales	87,934	5-6 Años
F2B	Hijos e hijas solteros (21 años de edad o más) de residentes permanentes legales	26,266	9-10 Años
F3	Hijos e hijas casados de ciudadanos de Estados Unidos.	23,400	8-9 Años
F4	Hermanos y hermanas adultas de ciudadanos de los Estados Unidos.	65,000	10-11 Años

Residencia Permanente a traves de un empleo

EB1	Trabajores prioritarios.Hay tres (3) subgrupos: Los extranjeros con habilidad extraordinaria en ciencias, artes, educación, negocios o atletismo; O extranjeros que son profesores o investigadores con al menos tres (3) años de experiencia en la enseñanza o la investigación y que esten reconocidos internacionalmente; O extranjeros que son gerentes y ejecutivos sujeto a la transferencia internacional para los Estados Unidos	40,000	Actualmente disponible
EB2	Profesionales con grados avanzados (Doctorado, maestria, o por lo menos cinco (5) años de experiencia progresiva despues de la licenciatura) o personas de habilidad exceptional en ciencias, artes o negocios	40,000	Actualmente disponible
EB3	Los trabajadores capacitados, profesionales y otros trabajadores	40,000	5 Años
EB4	Ciertos inmigrantes especiales-ministros religiosos, trabajadores actuales o anteriores del gobierno de Estados Unidos	10,000	Actualmente disponible
EB5	Inversionistas	10,000	Actualmente disponible

Inmigrante de Diversidad (DV)	55,000
Asilo Político	Sin limite numerico
Refugiado	70,000

IMPORTANTE: Consulte a un abogado de inmigración calificado para asesoramiento específico y consultas.También, ver USCIS y boletines de Visa y sitios web para datos actualizados.(2008)

El Resto de la Historia

Y luego esta el resto de la historia de la " Tarjeta Verde"...

Que pasa cuando una persona "renuncia" a su Tarjeta Verde? Hay posibles consecuencias fiscales de impuestos, para empezar...

La Ley de Asistencia y Socorro de Ingresos de Heroes de 2008 (La Ley HEART)

La Ley HEART, o el llamado impuesto "pastel de manzana", fue concebida y diseñada para ayudar a las tropas que regresan de la guerra exterior (por supuesto) de los Estados Unidos, veteranos y trabajadores de emergencia. Se impone un impuesto de salida que se aplica a los expatriados y los residentes que poseen su tarjeta verde por largo plazo. La nueva ley ha sido una amarga sorpresa para los trabajadores extranjeros legales y sus empresas multinacionales.

En cumplimiento con la poco conocida Ley de HEART, los trabajadores extranjeros que han sido dueños de una tarjeta verde por ocho (8) años de los ultimos quince (15) años, y decide renunciar a ella, estaran sujetos a impuestos federales, ganancias no realizadas por encima de $600,000. La Ley se aplica, a aquellas personas que tienen responsabilidad fiscal federal mayor de $139,000 al año, o tiene un patrimonio neto de mas de $2 millones, o no han podido certificar al IRS que han estado en el cumplimiento de las obligaciones fiscales, de los Estados Unidos por los ultimos cinco (5) años [Daniel Sorid, "La Ley (de impuestos) de las consecuencias imprevistas", Julio 8, 2008; "Reglas de los Expatriados en HEART" Deloitte]

Si el titular no renuncia a su tarjeta verde, está sujeto a

una doble imposición cuando viven o trabajan <u>fuera</u> de los Estados Unidos. Esta regla se aplica si la persona está o no está viviendo o trabajando en su pais de origen.La doble imposición de impuestos puede ser mitigada, sin embargo, por los creditos de impuestos extranjeros.

En una escala de res a puerco, de pollo a pavo … la Ley HEART de 2008, es una salchicha.

CAPITULO VEINTIDOS:
QUINCE (15) CONSEJOS PARA GANAR CASOS DE INMIGRACIÓN.

1. Preparación. Preparación. Preparación
   No hay absolutamente ningún sustituto para la adecuada preparación de los casos de inmigración. Esto implica trabajo y esfuerzo.
2. Solicitar asistencia legal calificada de inmigración y ayuda inclusó con lo que parece ser la más simple solicitud o presentación de inmigración. La inmigración es un campo de la ley sorprendentemente complejo y complicado, con muchas trampas para los incautos o no informados.
3. Las solicitudes de inmigración para la ayuda y/o alojamiento son manejados por "cuota". El solicitante de la ayuda de inmigración debe presentar con exactitud la forma y pagar la cuota correspondiente para su consideración. Y, no hay garantías de exito. La USCIS (Servicios de Ciudadanía e Inmigración de Estados Unidos), en particular, es manejada por "forma" y "cuota". De hecho, los horarios de presentación son la fuente de ingresos importantes para la USCIS.
4. Un abogado de inmigración calificado o asistencia legal es especialmente recomendado para la representación en las audiencias ante el Jueces de Inmigración de los Estados Unidos o cualquier otro asunto dentro de la jurisdicción de la EOIR (Oficina Ejecutiva para Revision de Inmigración). Buena abogacia de inmigración puede marcar una gran diferencia aquí.
5. Verificar los antecedentes profesionales y preguntar a la hora de elegir que abogado de inmigración contratar. El hecho de que un abogado pertenezca a una organización en particular no significa necesariamente que el abogado es la mejor opción para usted y su tema de la inmigración.
   Recuerda que el "más barato" no es usualmente el mejor. Si un abogado de inmigración es mucho menos costoso que cualquier otro, es probable que

haya una razón. Por lo general, si quieres calidad, tienes que pagar un poco más por ello. Obtener una visa o residencia permanente en los Estados Unidos casi siempre es una oportunidad única en la vida. No arruine sus oportunidades solo porque quiere ahorrar unos cuantos dólares.

6. Leer y seguir cuidadosamente las instrucciones de los formularios de inmigración con detalle específico. Recuerde que las instrucciones y las formas de inmigración son la ley. Siga ambas cuidadosamente.

    Leer las instrucciones de los formularios con cuidado para obtener información específica sobre los requisitos para cada petición o solicitud. Entonces, despues de tener las formas completas, **vuelva a comprobar** todo para asegurarse de que no faltó nada. Si no está seguro sobre cómo responder a una pregunta específica, consulte a un abogado de competente inmigración, o representante competente, o empleado adecuado de gobierno para obtener ayuda. **Nunca** responda a una pregunta en un formulario a menos que **sepa** todas las consecuencias de su respuesta.

7. Precisión, exactitud y puntualidad en la presentación y procesamiento de los solicitantes es crucial. Recuerde enviar los formularios completos con la cuota correcta de presentación de cada solicitud o petición, y asegúrese de incluir todos los documentos adicionales requeridos.

    Si se envia una cuota incorrecta de presentación, el servicio de inmigración le devolverá los documentos y su caso no será admitido para procesamiento. Como a menudo el servicio de inmigración toma 30 días o más para devolver los formularios, ahora puede estar usted fuera de posición, es decir, en una posición ilegal o no autorizada. Por lo tanto, aunque usted devuelve los formularios con el costo correcto, su caso puede ser negado porque se presento tarde. Además, si usted no adjunta toda la documentación solicitada, una solicitud adicional se le hará a usted, lo que retrasará significativamente el procesamiento de su caso. E incluso pudrán terminar sus posibilidades de aprobación o aceptación.

8. Entregar o enviar por correo su petición, solicitud y otros formularios a la direeción correcta de inmigración, es fundamental para el exito de su caso.

   Si el Servicio de Inmigración no recibe la solicitud en la oficina correcta, no aceptará su caso y los formularios serán devueltos a usted en algún momento. Una vez más, ahora podrá estar fuera de posición y su caso puede ser negado porque se presentó tarde. Dado que las dirección del gobierno están en constante cambio, es una buena idea consultar con la agencia gubernamental apropiada antes de presentar su solicitud con el fin de asegurarse de que está enviando los documentos a la dirección correcta.

9. Como en el caso de la mayoría de las cosas en la vida, el tiempo es muy importante. Asegúrese de que usted ha presentado y actuado de manera puntual. La tardanza puede ser fatal para su caso de inmigración. En el ámbito de la Inmigración, todo lo que se presenta tiene fecha límite. Si usted no cumple con el plazo, es muy probable que su solicitud o petición será negada y, dependiendo del tipo de solicitud o petición, posiblemente no Habra ninguna oportunidad de apelar. Además, si usted se encuentra fuera de posición, usted pudrá estar sujeto a ser excluido de tres (3) a diez (10) años y/o cualquier visas que tenga será considerada inválida.

10. "Fechas de prioridad" de inmigración son una parte importante (perdón por el juego de palabras) de prioridad. Asegúrese de que su fecha de prioridad

sea actual. Puede obtener información actualizada sobre las fechas de más prioridad de varias fuentes, incluyendo el USCIS, EOIR, y otros sitios web de inmigración - tanto los sitios gubernamentales y sitios no gubernamentales.

Antes de presentar su caso, usted debe comprobar las Fuentes de referencias anteriores para asegurarse de que la fecha de aplicable se ha alcanzado en su categoría de preferencia.

Si usted presenta su petición o solicitud antes de la fecha de vigencia, será rechazada por el Servicio de Inmigración o del Departamento de Estado, y no sólo habrá perdido su tiempo y dinero, tambien algunos de los documentos podrán haber quedado obsoletos y tendrán que ser obtenidos de nuevo.

11. Los recibos de las presentaciones son necesarias. Pida un recibo por cualquier cosa y por todo lo que usted envíe o entregue a la Seguridad Nacional, USCIS, EOIR, INS, la Corte de Inmigración, el Departamento de Trabajo de Estados Unidos, el Departamento de Estado, Cónsules de Estados Unidos, y cualquier otra persona involucrada en su caso.

Estas agencias con frecuencia tienen una extraña manera de perder o extraviar los documentos. Si usted no obtiene un recibo, y si no hay un cheque cancelado o giro postal, será imposible probar que sus documentos fueron recibidos. Estas agencias del gobierno no creeran en su palabra. Ellos quieren ver un recibo. Y usted se va a lamentar si no tiene uno.

12. Enviar los documentos originales sólo si son absolutamente necesarios o autorizados por la normativa o la ley. Y hagá copias para guardar todo lo que presentó.

Como hemos dicho anteriormente en el 11, más arriba, las agencias gubernamentales tienen una mala reputación por perder sus documentos valiosos y otras cosas. Además, cuando un caso está terminado **no** le devolve ran a usted los documentos originales. Algunos de estos documentos son de una clase y no pueden ser reemplazados, o son extremadamente difíciles de reemplazar. En la mayoría de los casos, se le permitirá certificar en su solicitud o petición que el documento es una copia auténtica del original. Si el documento original se requiere, asegúrese de enviar el original y una copia. Asegúrese de proveer un sobre sellado con su dirección de retorno y pedir a la agencia devolver los originales cuando terminen con ellos. Aunque esto no garantiza su devolución, mejorará significativamente sus posibilidades

13. ¿Qué debe hacer si su caso se le regrsa para más información ?

Primero, buscar ayuda legal competente, ya que Inmigración u otra agencia no está, evidentemente satisfecho con lo que originalmente presentó. Segundo, ya sea con o sin abogado, asegúrese de responder a cada punto, incluso si ya a proporcionado la información. Si Inmigración u otra agencia se tomó el tiempo para escribirle para obtener información específica, es porque, obviamente, no estuvierón satisfechos con lo que originalmente presentó, o porque no lo vieron. Así que la responda a cada punto en detalle. Si no les proporciona la información solicitada, hay una muy buena oportunidad, que su caso sea negado.

14. No presentar su caso y luego simplemente esperar que las estrellas se alinean a su favor. Participar en un seguimiento frecuente de su caso.

Si usted nada más se sienta a esperar una respuesta, podrá esperar para siempre, porque, como hemos dicho, los documentos podrán ser perdidos o extraviados. Si su recibo muestra el tiempo normal de procesamiento, entonces no verificar antes de la hora indicada. Sin embargo, si usted no ha recibido ningún tipo de respuesta dentro del plazo normal, verifique su caso inmediatamente. Asegúrese de obtener una respuesta a su solicitud, y llevar un registro de todos los contactos que hace con las agencias del gobierno.

15. Continuar este resumen final de la lista de cosas "por hacer."

   a. Siempre asegurarse de tener todos los hechos a su disposición [1 y 6, supra].

   b. Siempre proporcione toda la información solicitada [1, 6 y 7, supra].

   c. Nunca, nunca mentir en ninguna de las formas que presente [1 y 14, supra].

   d. Siempre cumplir con todos los pasos requeridos [1 y14, supra].

   e. Siempre ser puntual en sus presentaciones y acciones [7 y 9, supra].

   f. Ser persistente en sus esfuerzos [1 y14, supra].

   g. No enajenar o faltar el respeto de otra forma a las autoridades de inmigración y otras personas involucradas en su caso de inmigración. Ellos seran los que se reiran al final … Al costo de usted [1 y 14, supra].

   h. Siempre guardar copias de todo lo que envíe a los funcionarios de inmigración y otros involucrados en su caso de inmigración [11 y 12, supra].

   i. Cuidado con las estafas de inmigración excesivas, los esquemas, y las promesas. Si suena demasiado bueno para ser verdad, entonces probablemente no es verdad.

Buena suerte !

SOBRE EL AUTOR

Charles Ware es un ex Juez de Inmigración de los Estados Unidos. En la actualidad es director de la firma nacional general de Charles Jerome Ware, Abogados y Consejeros. Ha publicado y hablado públicamente numerosas veces sobre diversos temas jurídicos. Sus anteriores libros de mayor venta legal publicados por iUniverse en 2008, y 2009, "comprendiendo la Ley: Un Manual", así como "La Paradoja de la Inmigración", han sido bien recibidos por los lectores. El es un anterior administrador y profesor de derecho de la universidad. Charles Ware ha sido presentado en su propio programa Numero Uno de radio de Consejos legales, así como otros numerosos programas de radio y televisión. El vive en Columbia, Maryland con su esposa Fran y su hija Lucinda- Marie.

Charles Ware, desde hace varios años, a sido nombrado constantemente como uno de los "GRANDES ABOGADOS" de America. El es uno de los recipientes originales del "Premio Charles Hamilton Houston para Abogacia Jurídica destacada", y es reconocido nacionalmente por su defensa legal y de la inmigración. El Bufete Nacional de Abogados, Charles Jerome Ware, Abogados y Consejeros, puede ser contactado a través de su página web, **WWW.CHARLESJEROMEWARE.COM, y telefono (410-720-6129)** en Columbia, Maryland — entre Washington, D.C y Baltimore, Maryland.

Anteriormente Juez Federal de Derecho Administrativo: Abogado Principal y Consejero Anti-fideicomiso al Director de la Comisión Federal de Comercio; Fiscal Asistente de E.U.; para Maryland y el Distrito del Este de Virginia; Abogado Litigante Principal de la División de Anti-fideicomiso y la División Criminal del Departamento de Justicia de E.U.; Profesor de la Escuela de Leyes de Boston College y Profesor visitante de Harvard Law School; Vice-presidente Ejecutivo y Asesor General para Saint Paul's College

CHARLES JEROME WARE, P.A., Attorney At Law

* Juicios Civiles

* Criminal

* Ley Familiar

* Anti-fideicomiso

* Derecho Corporativo

* Manejo Embriagado/ Tránsito

* Derecho de Inmigración

* Tribunal de Estado y Federal

* Mala Práctica Medica

* Lesiones Personales

* Ley de Entretemiento

* Administración de Bienes

* Derecho de la Ancianidad

* Demandas de Acción Colectiva Anteriormente uno de los JUECES DE INMIGRACION más jovenes en la historia de los Estados Unidos, abogado Charles Jerome Ware no acepta casos complejos de inmigración

CHARLES JEROME WARE

Abogados y Consejeros
10630 Little Patuxent Parkway, Oficina 113
Columbia, MD 21044-2104
410-720-6129 y 410-730-5013